PETITE NOTICE

SUR

SAINT JUST

Martyr

PÉLERINAGE

DE MONCHEL

(Diocèse d'Arras)

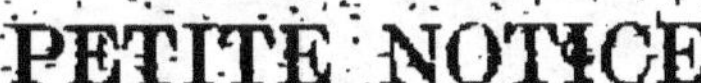

ARRAS

TYPOGRAPHIE ROUSSEAU-LEROY

Rue des Onze-Mille-Vierges

1868

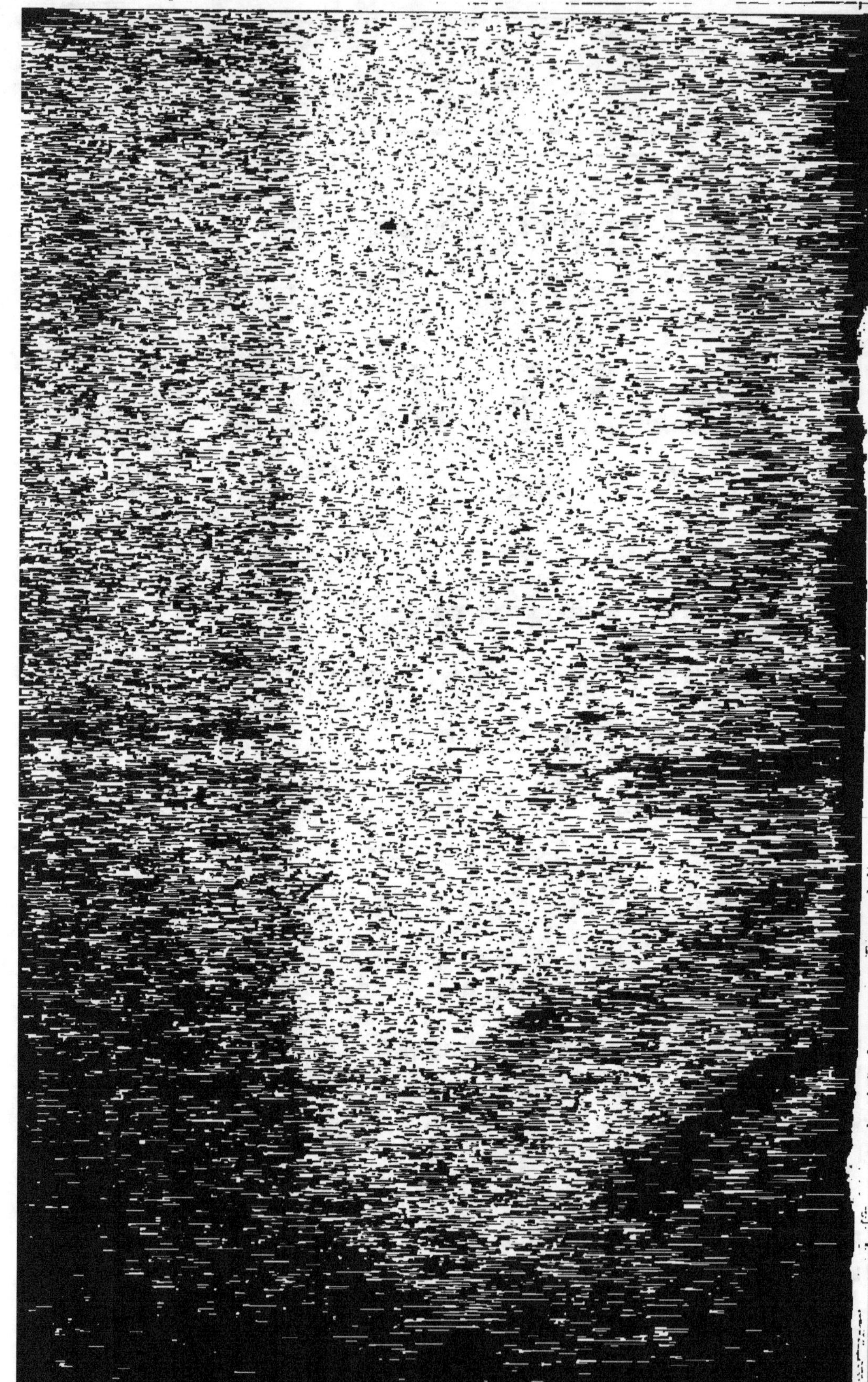

PETITE NOTICE SUR SAINT JUST.

PETITE NOTICE

SUR

SAINT JUST

Martyr

—

PÈLERINAGE

DE MONCHEL

(Diocèse d'Arras)

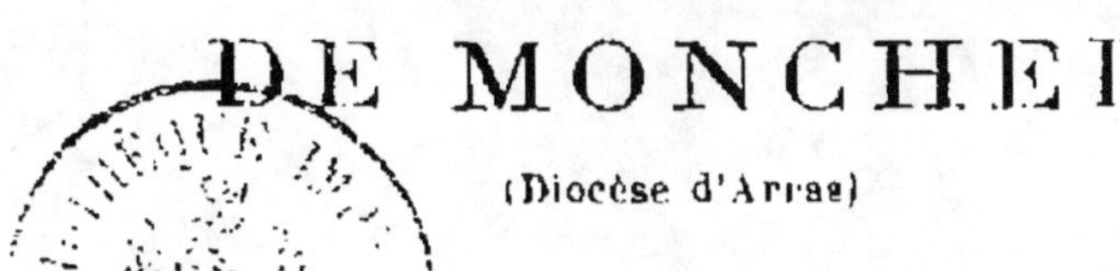

ARRAS

TYPOGRAPHIE ROUSSEAU-LEROY

Rue des Onze-Mille-Vierges.

—

1868.

PÈLERINAGE

DE MONCHEL.

Saint Just vivait dans le huitième siècle. Né de parents puissants mais idolâtres, il reconnut bientôt la vanité du paganisme qu'il abandonna, dans un âge tendre encore, pour se ranger sous l'étendard de la foi catholique. Il eût désiré vivement rester dans sa famille, l'édifier par ses vertus, et en procurer la conversion ; mais, voyant qu'il ne pouvait même obtenir d'y vivre chrétiennement, il prit la résolution de chercher son salut dans la fuite. C'est pourquoi, accompagné de son jeune frère Arthémie et de son serviteur Honeste, il quitta le manoir de ses pères et vint s'établir sur les hauteurs du pittoresque village de Monchel, dont les habitants encore grossiers le reçurent pourtant avec bienveillance.

Irrité du départ de ses enfants, le père de saint Just envoya des hommes à leur recherche avec l'ordre de les ramener chez lui, si on les rencontrait, ou de les mettre à mort sur place dans le cas qu'ils ne voulussent pas revenir. Ces illustres fugitifs, bientôt découverts dans leur retraite, et connaissant par expérience les dangers auxquels leur foi et leur innocence seraient exposées dans leur pays natal, refusent d'y retourner. Vainement, les émissaires emploient successivement les prières et les menaces : ils ne peuvent rien gagner sur l'esprit de nos jeunes chrétiens. Ils se disposent donc à exécuter les ordres barbares dont ils sont chargés. Les fidèles disciples de Jésus-Christ adressent au ciel une prière de pardon en faveur de leurs bourreaux, au moment où le glaive des sicaires, en leur tranchant la tête, termine leurs combats et assure leur triomphe. C'était, selon toute probabilité, le 18ᵉ jour d'octobre qui est celui de leur fête ; mais l'année précise ne nous est pas connue.

On croyait que saint Just avait cessé de vivre, comme les deux autres saints ; mais Dieu, qui voulait affermir la foi des habitants de Monchel et glorifier ses serviteurs, opéra en cette circonstance un prodige à jamais mémorable. Immédiatement après sa décapitation, on vit le corps de notre Saint se dresser sur ses pieds, recueillir dans la poussière sa tête ensanglantée, la porter entre ses mains et parcourir ainsi, sans chanceler, environ 600 pas (1/2 kilomètre). Les anges l'accompagnèrent dans cette marche triomphale en chantant des cantiques ; et ils ne cessèrent leur céleste harmonie que quand saint Just, arrivé à un petit tertre, qu'on appelle encore aujourd'hui *la tombe de saint Just*, s'affaissa sur lui-même, comme un beau lys déraciné par le soc de la charrue. Et c'est ainsi que cette mort, précieuse devant Dieu, le devint encore devant les hommes qu'elle remplit d'admiration et qu'elle convertit au christianisme. Les trois martyrs furent enterrés au même endroit, et depuis le laboureur n'en remua jamais la terre.

Les merveilles que Dieu avait opérées pendant la vie et au moment du martyre de nos héros chrétiens, continuèrent après leur mort. Leur tombeau devint dans la suite des siècles un lieu célèbre de pèlerinage, où les faveurs célestes qu'on y obtenait faisaient accourir les populations de toute la contrée. C'est là que nos pères allaient s'encourager à vivre chrétiennement, et leurs prières n'étaient jamais vaines. — Ce n'est pas toutefois que les restes de nos saints Martyrs n'eurent à subir bien des vissicitudes ; l'histoire nous apprend, en effet, qu'il en fut fait plusieurs translations et vérifications. Ainsi, en 1519, les habitants de Monchel, jaloux de posséder au milieu d'eux les corps vénérés de leurs saints Protecteurs, les transférèrent au cœur du village , et les enterrèrent à l'endroit même où s'élève aujourd'hui la charmante petite église dont ils sont les titulaires. Ces reliques demeurèrent ainsi ensevelies jusqu'en 1617. A cette époque, elles furent honorablement placées dans une étoffe d'or et de pourpre. Enfin, en 1741, le tombeau fut encore ouvert solennellement ; les restes qu'il contenait furent mis dans une châsse brillamment décorée, et, par ordre de l'évêque d'Amiens [1], exposés à la vénération des pieux fidèles.

Les choses demeurèrent en cet état jusqu'à la Révolution. A cette époque de lamentable mémoire, l'église de

[1] La paroisse de Monchel était autrefois du diocèse d'Amiens, et l'évêque, dont il est ici question, est Mgr François de la Motte d'Orléans, dont la mémoire est restée partout en vénération.

Monchel fut vendue à vil prix ; mais la châsse et les reliques qu'elle contenait furent confiées à une famille, qui, semblable en quelque sorte à celle d'Obédédon, les conserva religieusement dans le fond de sa demeure. Plus tard, quand la paix fut rendue à l'Église de France, on procéda à la reconnaissance de ces ossements vénérés dont l'authenticité fut reconnue aussi éclatante que la lumière du soleil [1]. Ils furent solennellement rendus au culte ; et l'on vit se

---

[1] Ce fut M. l'abbé Robitaille, alors vicaire général d'Arras, qui en constata l'authenticité, en présence du curé, du maire, des marguilliers et d'un grand nombre de fidèles accourus pour assister à cette pieuse cérémonie, et dont la joie fut au comble, lorsque M. Robitaille fit connaître du haut de la chaire les preuves certaines de l'authenticité des saintes reliques.

vérifier une fois de plus cet oracle de David : Le Seigneur garde les ossements de tous ses saints et aucun d'eux ne saurait être brisé sans sa permission : *Custodit Dominus omnia ossa eorum, unum ex his non conteretur.*

Le concours des peuples avait toujours été fort empressé au tombeau de saint Just et de ses compagnons ; malheureusement dans ces derniers temps des divertissements profanes étaient venus déshonorer les jours qui auraient dû leur être uniquement consacrés. Affligé d'un tel désordre, M. Nicquet, curé actuel de la paroisse, fit un appel aux sentiments religieux de ses habitants et sa voix fut entendue. Le mal cessa et le pèlerinage reprit son ancienne splendeur. Malgré l'inclémence du temps, les prêtres des environs se sont fait un bonheur d'aller successivement, pendant neuf jours, offrir le saint sacrifice sur le corps des saints Martyrs et distribuer la parole sainte aux pèlerins dont le nombre peut être porté à 2,300. Dieu veuille continuer à agréer les louanges qu'on lui adresse dans ses saints martyrs Just, Arthémie et Honeste, et donner à cet antique pèlerinage des accroissements nouveaux !

9 décembre 1866.

CANTIQUE

DES SAINTS

JUST, ARTHÉMIE ET HONESTE,

MARTYRS AU MONCHEL

I

De Just et d'Arthémie
Redisons les vertus :
Qui, fuyant leur patrie
Pour l'amour de Jésus *(bis)*,
Dans cet heureux village
Ont fixé leur séjour,
Laissant en héritage
Leurs corps à notre amour.

REFRAIN.

Des glorieux martyrs honorons la mémoire,
Dont le sang dans ces lieux pour Dieu fut répandu.
Célébrons leur triomphe, et pour chanter leur gloire,
Si nous voulons leur plaire, imitons leur vertu *(bis)*.

2

Averti de leur fuite
Leur père encore païen
Envoie à leur poursuite :
« De ce nom de chrétien (*bis*)
« Je veux qu'ils s'affranchissent,
Dit-il dans sa fureur,
« Ou que tous deux périssent
« Percés d'un fer vengeur.
    Des glorieux, etc.

3

Dans des bois solitaires
Ils vivaient retirés,
Quand les fiers émissaires
Cherchant de tous côtés (*bis*)
Découvrent leur retraite ;
Chacun d'eux en courroux
Prend sa hache et s'apprête
A les meurtrir de coups.
    Des glorieux, etc.

4

Dieu soutient la constance
De ces nobles enfants ;
Le cœur plein d'espérance,
Ils s'écrient triomphants : (*bis*)

« Mourons avec courage,
« Et mourons en chrétiens,
« Nous aurons en partage
« Le ciel et tous ses biens.
Des glorieux, etc.

5

Je vois leur sang qui coule
Sous le fer assassin,
Et leur tête qui roule
Au milieu du chemin (*bis*).
Mais que vois-je? ô prodige !
Just reprenant son chef
D'un pas sûr se dirige
Jusqu'au lieu de sa nef [1].
Des glorieux, etc.

6

O vertueux Honeste
Leur digne compagnon,
Saint martyr en leur fête
Nous célébrons ton nom (*bis*).
D'une terre infidèle
Tu t'enfuis avec eux,
Et pour prix de ton zèle
Tu les suis dans les cieux.
Des glorieux, etc.

[1] Lieu où l'on doit bâtir une chapelle.

7

De leur cendre sacrée
Monchel l'heureux gardien,
Leur tombe vénérée
Te promet un soutien (*bis*).
Par des mœurs angéliques
Tes enfants, de ces saints
En suivant les pratiques
Du bonheur sont certains.
Des glorieux, etc.

8

Ici bas leur souffrance
N'a duré qu'un moment,
Au ciel leur récompense
Dure éternellement (*bis*).
Saint Just, saint Arthémie,
Patrons de ces beaux lieux,
Placez-nous, je vous prie,
Près de vous dans les cieux.

REFRAIN.

Des glorieux martyrs honorons la mémoire
Dont le sang dans ces lieux pour Dieu fut répandu.
Célébrons leur triomphe, et pour chanter leur gloire,
Si nous voulons leur plaire, imitons leur vertu (*bis*).

Hymne des saints Martyrs

JUST, ARTHÉMIE ET HONESTE.

Chant : Iste confessor.

1

Juste, gratantes canimus coronam
Sanguine effuso tibi quam parasti,
Quæ simul fratrem, simul et sodalem
Ornat Honestum.

2

Vos patrem Christo fugitis minantem,
Lictor immissus generosa ferro
Corda mactavit ; sed amica coeli
Suscipit aula.

3

Victimæ sanctæ fidei precantum
Audiant voces, Dominoque sistant.
Tu pio, Mons celse, sacrata cultu
Pignora serres.

4

(Ad libitum. Pro P. M. Pio).

Cœlites almi, Dominum rogate
Pontifex noster Pius ut furore
Hostium fracto recreatus Urbem
Ducat et orbem.

5

(Doxol.).

Sit decus Patri, parilique Proli,
Et tibi compar, utriusque Vinclum,
Debiles agnos super hoste sævo
Robore firmans.

Amen.

MESSE

DES SAINTS

JUST, ARTHÉMIE ET HONESTE.

Le Prêtre, au pied de l'autel, fait le signe de la Croix, et dit :

In nomine Patris, et Filii, et Spiritus sancti. Amen.

Introibo ad altare Dei.

℟. Ad Deum qui lætificat juventutem meam.

PSAUME 42.

Judica me, Deus, et discerne causam meam de gente non sancta : ab homine iniquo et doloso erue me.

℟. Quia tu es, Deus, fortitudo mea : quia me repulisti, et quare tristis incedo, dum affligit me inimicus ?

Emitte lucem tuam, et veritatem tuam : ipsa me deduxerunt, et adduxerunt in montem sanctum tuum, et in tabernacula sua.

℟. Et introibo ad altare Dei : ad Deum qui lætificat juventutem meam.

Confitebor tibi in cithara, Deus , Deus meus : quare tristis es, anima mea, et quare conturbas me?

℟. Spera in Deo, quoniam adhuc confitebor illi : salutare vultus mei, et Deus meus.

Gloria Patri, et Filio , et Spiritui sancto.

℟. Sicut erat in principio, et nunc, et semper, et in sæcula sæculorum. Amen.

Introibo ad altare Dei.

℟. Ad Deum qui lætificat juventutem meam.

Adjutorium nostrum in nomine Domini.

℟. Qui fecit cœlum et terram.

Le Prêtre dit le Confiteor, *et l'on répond :*

Misereatur tui omnipotens Deus, et dimissis peccatis tuis, perducat te ad vitam æternam. ℟. Amen.

Confiteor Deo omnipotenti, beatæ Mariæ semper virgini, beato Michaeli Archangelo, beato Joanni Baptistæ, sanctis Apostolis Petro et Paulo, omnibus Sanctis, et tibi, Pater, quia peccavi nimis, cogitatione, verbo et opere : mea culpa, mea culpa, mea maxima culpa. Ideo precor beatam Mariam semper virginem, beatum Michaelem Archangelum.

beatum Joannem Baptistam, sanctos Aposto-
los Petrum et Paulum, omnes Sanctos, et
te, Pater, orare pro me ad Dominum Deum
nostrum.

*Le Prêtre prie pour les assistants
et pour lui-même :*

Misereatur vestri omnipotens Deus, et dimissis peccatis vestris, perducat vos ad vitam æternam. ℟. Amen.

Indulgentiam, absolutionem et remissionem peccatorum nostrum tribuat nobis omnipotens et misericors Dominus. ℟. Amen.

℣. Deus, tu conversus vivificabis nos. —
℟. Et plebs tua lætabitur in te.

℣. Ostende nobis, Domine, misericor-
diam tuam. ℟. Et salutare tuum da nobis.

℣. Domine, exaudi orationem meam. ℟.
Et clamor meus ad te veniat.

℣. Dominus vobiscum. ℟. Et cum spiritu tuo.

En montant à l'autel, le Prêtre dit :

Aufer a nobis, quæsumus, Domine, iniquitates nostras : ut ad Sancta sanctorum
puris mereamur mentibus introire. Per
Christum Dominum nostrum. Amen.

En baisant l'autel :

Oramus te, Domine, per merita Sanctorum tuorum quorum reliquiæ hic sunt, et omnium Sanctorum, ut indulgere digneris omnia peccata mea. Amen.

INTROÏT.

Sapientiam Sanctorum narrent populi, et laudes eorum nuntiet Ecclesia : nomina autem eorum vivent in sæculum sæculi. *Ps.* Exsultate, justi, in Domino : rectos decet collaudatio. ℣. Gloria Patri. Sapientiam.

Le Prêtre répète trois fois alternativement :

Kyrie eleison.
Christe eleison.
Kyrie eleison.
Gloria in excelsis Deo : et in terra pax hominibus bonæ voluntatis Laudamus te. Benedicimus te. Adoramus te. Glorificamus te. Gratias agimus tibi propter magnam gloriam tuam : Domine Deus, Rex cœlestis, Deus Pater omnipotens. Domine Fili unigenite, Jesu Christe : Domine Deus, Agnus Dei, Filius Patris : Qui tollis peccata mundi, miserere nobis. Qui tollis peccata mundi, suscipe deprecationem nostram. Qui sedes ad dexteram Patris, miserere nobis. Quoniam tu solus Sanctus ; Tu solus Dominus ; Tu so-

lus Altissimus, Jesu Christe ; Cum sancto
Spiritu, in gloria Dei Patris. Amen.

Dominus vobiscum. ℟. Et cum spiritu tuo.

OREMUS. Deus, qui concedis sanctorum
martyrum tuorum Justi et Arthemii natalitia
colere : da nobis in æterna beatitudine de
eorum societate gaudere. Per Christum Dominum nostrum.

℟. Amen.

Lectio libri Sapientiæ. — *Cap.* 3.

Justi autem in perpetuum vivent et apud
Dominum est merces eorum, et cogitatio il-
lorum apud Altissimum. Ideo accipient regnum decoris, et diadema speciei de manu
Domini : quoniam dextera sua teget eos, et
brachio sancto suo defendet illos. Accipiet
armaturam zelus illius, et armabit creaturam
ad ultionem inimicorum. Induet pro thorace
justitiam, et accipiet pro galea judicium cer-
tum. Sumet scutum inexpugnabile, æquita-
tem. ℟ Deo gratias.

Graduel. Anima nostra sicut passer erepta
est de laqueo venantium. ℣. Laqueus contri-
tus est, et nos liberati sumus. Adjutorium
nostrum in nomine Domini, qui fecit cœlum
et terram.

Alleluia, alleluia. ℣. Justi epulentur, et

exsultent in conspectu Dei, et delectentur in lætitia. Alleluia.

Le Prêtre dit avant l'Evangile :

Munda cor meum ac labia mea, omnipotens Deus, qui labia Isaiæ prophetæ calculo mundasti ignito : ita me tua grata miseratione dignare mundare, ut sanctum Evangelium tuum digne valeam nuntiare. Per Christum Dominum nostrum. Amen.

Jube, Domine, benedicere. Dominus sit in-corde meo et in labiis meis, ut digne et competenter annuntiem Evangelium suum. Amen.

*Avant l'Evangile, le Prêtre
(ou le Diacre) dit :*

Dominus vobiscum. ℞. Et cum spiritu tuo.

Sequentia sancti Evangelii secundum Lucam. — *Cap.* 6.

*On répond en faisant le signe de la croix
sur son front, sur ses lèvres et sur sa poitrine :*

Gloria tibi, Domine.

In illo tempore : Descendens Jesus de monte, stetit in loco campestri, et turba discipulorum ejus, et multitudo copiosa plebis ab omni Judæa, et Jerusalem, et maritima, et Tyri, et Sidonis, qui venerant ut audirent

eum, et sanarentur a languoribus suis. Et
qui vexabantur a spiritibus immundis, cura-
bantur. Et omnis turba quærebat eum tan-
gere, quia virtus de illo exibat, et sanabat
omnes. Et ipse, elevatis oculis in discipulos
suos, dicebat : Beati pauperes, quia vestrum est regnum Dei. Beati qui nunc esu-
ritis, quia saturabimini. Beati qui nunc fle-
tis, quia ridebitis. Beati eritis cum vos ode-
rint homines, et cum separaverint vos, et
exprobraverint, et ejecerint nomen vestrum
tanquam malum propter Filium hominis.
Gaudete in illa die, et exsultate : ecce enim
merces vestra multa est in cœlo.

Après l'Evangile on répond :

Laus tibi, Christe.

Le Prêtre baise l'Evangile en disant :

Per evangelica dicta deleantur nostra de-
licta.

L'Evangile est suivi du Credo, *lorsque la fête
se célèbre un dimanche.*

Credo in unum Deum, Patrem omnipotentem, factorem cœli et terræ, visibilium
omnium et invisibilium : Et in unum Dominum Jesum Christum, Filium Dei unigeni-
tum : et ex Patre natum ante omnia sæcula;
Deum de Deo, lumen de lumine, Deum ve-

rum de Deo vero ; Genitum non factum, consubstantialem Patri , per quem omnia facta sunt ; Qui propter nos homines, et propter nostram salutem descendit de cœlis ; Et incarnatus est de Spiritu sancto ex Maria Virgine, ET HOMO FACTUS EST ; Crucifixus etiam pro nobis, sub Pontio Pilato passus, et sepultus est ; Et resurrexit tertia die secundum Scripturas ; Et ascendit in cœlum, sedet ad dexteram Patris ; Et iterum venturus est cum gloria judicare vivos et mortuos ; cujus regni non erit finis : Et in Spiritum sanctum Dominum et vivificantem ; qui ex Patre Filioque procedit ; Qui cum Patre et Filio simul adoratur, et conglorificatur ; qui locutus est per prophetas ; Et unam sanctam catholicam et apostolicam Ecclesiam. Confiteor unum baptisma in remissionem peccatorum : Et exspecto resurrectionem mortuorum, Et vitam venturi sæculi. Amen.

Dominus vobiscum. ℞. Et cum spiritu tuo.

OFFERTOIRE.

Exultabunt sancti in gloria, lætabuntur in cubilibus suis : exaltationes Dei in faucibus eorum, alleluia.

OBLATION DE L'HOSTIE.

Suscipe, sancte Pater, omnipotens æterne Deus, hanc immaculatam Hostiam, quam ego indignus famulus tuus offero tibi Deo meo vivo et vero, pro innumerabilibus peccatis et offensionibus et negligentiis meis, et pro omnibus circumstantibus, sed et pro omnibus fidelibus christianis vivis atque defunctis, ut mihi et illis proficiat ad salutem in vitam æternam. Amen.

Après avoir mis le vin dans le calice, le Prêtre y verse quelques gouttes d'eau, en disant :

Deus, qui humanæ substantiæ dignitatem mirabiliter condidisti, et mirabilius reformasti, da nobis, per hujus aquæ et vini mysterium, ejus divinitatis esse consortes, qui humanitatis nostræ fieri dignatus est particeps, Jesus Christus Filius tuus Dominus noster. Qui tecum vivit et regnat in unitate Spiritus sancti Deus : per omnia sæcula sæculorum. Amen.

OBLATION DU CALICE.

Offerimus tibi, Domine, calicem salutaris, tuam deprecantes clementiam, ut in conspectu divinæ Majestatis tuæ, pro nostra et totius mundi salute cum odore suavitatis ascendat. Amen.

In spiritu humilitatis, et in animo contrito
suscipiamur a te, Domine : et sic fiat sacrificium nostrum in conspectu tuo hodie, ut
placeat tibi, Domine Deus.

Veni, Sanctificator omnipotens , æterne
Deus : et benedic hoc sacrificium tuo sancto
nomini præparatum.

A la messe solennelle, le Prêtre bénit l'encens,
en disant :

Per intercessionem beati Michaelis Archangeli stantis a dextris altaris incensi, et omnium electorum suorum, incensum istud di-
gnetur Dominus benedicere, et in odorem
suavitatis accipere. Per Christum Dominum
nostrum. Amen.

Il encense l'hostie et le calice,
en disant :

Incensum istud a te benedictum ascendat
ad te, Domine, et descendat super nos mi-
sericordia tua.

Puis l'autel, en continuant :

Dirigatur, Domine, oratio mea sicut incensum in conspectu tuo : elevatio manuum
mearum sacrificium vespertinum. Pone, Domine, custodiam ori meo, et ostium circum-
stantiæ labiis meis : ut non declinet cor meum

in verba malitiæ, ad excusandas excusationes
in peccatis.

*Il dit ensuite, en rendant l'encensoir
au Diacre :*

Accendat in nobis Dominus ignem sui
amoris, et flammam æternæ charitatis.

Amen.

Le Prêtre lave ses mains.

Lavabo inter innocentes manus meas, et
circumdabo altare tuum, Domine.

Ut audiam vocem laudis, et enarrem uni-
versa mirabilia tua.

Domine, dilexi decorem domus tuæ et locum habitations gloriæ tuæ.

Ne perdas cum impiis, Deus, animam
meam, et cum viris sanguinum vitam meam.

Inquorum manibus iniquitates sunt; dextera eorum repleta est muneribus.

Ego autem in innocentia mea ingressus
sum : redime me, et miserere mei.

Pes meus stetit in directo : in ecclesiis
benedicam te, Domine.

Gloria Patri.

*Puis, incliné au milieu de l'autel,
il dit ;*

Suscipe, sancta Trinitas, hanc oblationem,
quam tibi offerimus ob memoriam Passionis.
Resurrectionis, et Ascensionis Jesu Christi

Domini nostri : et in honorem beatæ Mariæ semper virginis, et beati Joannis Baptistæ, et sanctorum Apostolorum Petri et Pauli, et istorum, et omnium Sanctorum : ut illis proficiat ad honorem, nobis autem ad salutem, et illi pro nobis intercedere dignentur in cœlis, quorum memoriam agimus in terris. Per eumdem Christum Dominum nostrum.

Amen.

Le Prêtre se tourne vers les assistants, et dit :

Orate, fratres, ut meum ac vestrum sacrificium acceptabile fiat apud Deum Patrem omnipotentem.

℟. Suscipiat Dominus sacrificium de manibus tuis, ad laudem et gloriam nominis sui, ad utilitatem quoque nostram, totiusque Ecclesiæ suæ sanctæ.

Le Prêtre dit tout bas Amen, *et ensuite la* Secrète :

Munera tibi, Domine, nostræ devotionis offerimus, quæ et pro tuorum tibi grata sint honore justorum, et nobis salutaria, te miserante, reddantur. Per Dominum Jesum Christum, qui tecum vivit et regnat in unitate Spiritus sancti, Deus.

Puis il reprend tout haut :

Per omnia sæcula sæculorum.

℞. Amen.
℣. Dominus vobiscum.
℞. Et cum spiritu tuo.
℞. Sursum corda.
℞. Habemus ad Dominum.
℣. Gratias agamus Domino nostro.
℞. Dignum et justum est.

Vere dignum et justum est, æquum et salutare, nos tibi semper et ubique gratias agere, Domine sancte, Pater omnipotens, æterne Deus : Per Christum Dominum nostrum. Per quem Majestatem tuam laudant Angeli, adorant Dominationes, tremunt Potestates ; Cœli, cœlorumque Virtutes, ac beata Seraphim socia exultatione concelebrant. Cum quibus et nostras voces ut admitti jubeas deprecamur, supplici confessione dicentes.

Si la fête se célèbre un dimanche on dit la préface suivante :

Vere dignum et justum est, æquum et salutare nos tibi semper et ubique gratias agere, Domine sancte, Pater omnipotens, æterne Deus. Qui cum unigenito Filio tuo, et Spiritu sancto, unus es Deus, unus es Dominus : non in unius singularitate personæ, sed in unius Trinitate substantiæ. Quod enim de tua gloria, revelante te, credimus, hoc de

Filio tuo, hoc de Spiritu sancto, sine differentia discretionis sentimus. Ut in confessione veræ sempiternæque Deitatis, et in personis proprietas, et in essentia unitas, et in majestate adoretur æqualitas. Quem laudant Angeli atque Archangeli, Cherubim quoque ac Seraphim: qui non cessant clamare quotidie, una voce dicentes.

Sanctus, Sanctus, Sanctus Dominus Deus sabaoth. Pleni sunt cœli et terra gloria tua : Hosanna in excelsis; Benedictus qui venit in nomine Domini : Hosanna in excelsis.

CANON DE LA MESSE.

Te igitur, clementissime Pater, per Jesum Christum Filium tuum Dominum nostrum supplices rogamus ac petimus, uti accepta habeas et benedicas hæc dona, hæc munera, hæc sancta sacrificia illibata, in primis quæ tibi offerimus pro Ecclesia tua sancta catholica : quam pacificare, custodire, adunare, et regere digneris toto orbe terrarum, una cum famulo tuo Papa nostro *N.*, et Antistite nostro *N.*, et omnibus orthodoxis, atque catholicæ et apostolicæ fidei cultoribus.

Mémoire des vivants.

Memento, Domine, famulorum famularumque tuarum *N.* et omnium circumstantium, quorum tibi fides cognita est, et nota devotio;

pro quibus tibi offerimus, vel qui tibi offerunt hoc sacrificium laudis pro se, suisque omnibus, pro redemptione animarum suarum, pro spe salutis et incolumitatis suæ ; tibique reddunt vota sua æterno Deo, vivo et vero.

Communicantes, et memoriam venerantes, in primis gloriosæ semper virginis Mariæ, Genitricis Dei et Domini nostri Jesu Christi : sed et beatorum Apostolorum ac Martyrum tuorum, Petri et Pauli, Andreæ, Jacobi, Joannis, Thomæ, Jacobi, Philippi, Bartholomæi, Matthæi, Simonis et Thaddæi : Lini, Cleti, Clementis, Xysti, Cornelii, Cypriani, Laurentii, Chrysogoni, Joannis et Pauli, Cosmæ et Damiani, et omnium Sanctorum tuorum : quorum meritis precibusque concedas, ut in omnibus protectionis tuæ muniamur auxilio Per eumdem Christum Dominum nostrum. Amen.

Hanc igitur oblationem servitutis nostræ, sed et cunctæ familiæ tuæ, quæsumus Domine, ut placatus accipias, diesque nostros in tua pace disponas, atque ab æterna damnatione nos eripi, et in electorum tuorum jubeas grege numerari. Per Christum Dominum nostrum. Amen.

Quam oblationem tu Deus, in omnibus,

quæsumus, benedictam, adscriptam, ratam, rationabilem, acceptabilemque facere digneris : ut nobis corpus et Sanguis fiat dilectissimi Filii tui Domini nostri Jesu Christi ;

Qui pridie quam pateretur, accepit panem in sanctas ac venerabiles manus suas, et elevatis oculis in cœlum, ad te Deum Patrem suum omnipotentem, tibi gratias agens, benedixit, fregit, deditque discipulis suis, dicens : Accipite, et manducate ex hoc omnes : Hoc est enim Corpus meum.

Simili modo, postquam cœnatum est, accipiens et hunc præclarum calicem in sanctas ac venerabiles manus suas, item tibi gratias agens, benedixit, deditque discipulis suis, dicens : Accipite et bibite ex eo omnes : Hic est enim calix Sanguinis mei, novi et æterni Testamenti : Mysterium fidei : qui pro vobis et pro multis effundetur in remissionem peccatorum. Hæc quotiescumque feceritis, in mei memoriam facietis.

Unde et memores, Domine, non servi tui, sed et plebs tua sancta, ejusdem Christi Filii tui Domini nostri tam beatæ Passionis, necnon et ab inferis Resurrectionis, sed et in cœlos gloriosæ Ascensionis, offerimus præclaræ Majestati tuæ de tuis donis ac datis, Hostiam puram, Hostiam sanctam, Hostiam immaculatam, panem sanctum vitæ æternæ, et calicem salutis perpetuæ.

Supra quæ propitio ac sereno vultu respicere digneris, et accepta habere, sicuti accepta habere dignatus es munera pueri tui justi Abel, et sacrificium Patriarchæ nostri Abrahæ, et quod tibi obtulit summus sacerdos tuus Melchisedech, sanctum sacrificium, immaculatam hostiam.

Supplices te rogamus, omnipotens Deus, jube hæc perferri per manus sancti Angeli tui in sublime altare tuum, in conspectu divinæ Majestatis tuæ : ut quotquot, ex hac altaris participatione, sacrosanctum Filii tui Corpus et Sanguinem sumpserimus, omni benedictione cœlesti et gratia repleamur. Per eumdem Christum Dominum nostrum.

Amen.

Mémoire des défunts.

Memento etiam, Domine, famulorum famularumque tuarum *N.....*, qui nos præcesserunt cum signo fidei, et dormiunt in somno pacis. Ipsis, Domine, et omnibus iu Christo quiescentibus, locum refrigerii, lucis et pacis, ut indulgeas, deprecamur. Per eumdem Christum Dominum nostrum. Amen.

Le Prêtre, frappant sa poitrine, dit :

Nobis quoque peccatoribus, famulis tuis,

de multitudine, miserationum tuarum spe-
rantibus, partem aliquam et societatem do-
nare digneris cum tuis sanctis Apostolis et
Martyribus, cum Joanne, Stephano, Mathia,
Barnaba, Ignatio, Alexandro, Marcellino,
Petro, Felicitate, Perpetua, Agatha, Lucia,
Agnete, Cæcilia, Anastasia, et omnibus
Sanctis tui, intra quorum nos consortium,
non æstimator meriti, sed veniæ, quæsumus, largitor, admitte. Per Christum Dominum nostrum;

Per quem hæc omnia, Domine, semper
bona creas, sanctificas, vivificas, benedicis
et præstas nobis. Per ipsum, et cum ipso, et
in ipso, est tibi Deo Patri omnipotenti, in unitate Spiritus sancti, omnis honor et gloria.

Per omnia sæcula sæculorum. ℞. Amen.

OREMUS.

Præceptis salutaribus moniti, et divina
institutione formati, audemus dicere :

Pater noster, qui es in cœlis, sanctifice-
tur nomen tuum ; adveniat regnum tuum :
fiat voluntas tua, sicut in cœlo et in terra :
panem nostrum quotidianum da nobis hodie,
et dimitte nobis debita nostra, sicut et nos
dimittimus debitoribus nostris : et ne nos in-
ducas in tentationem.

℞. Sed libera nos a malo. Amen.

Libera nos, quæsumus, ab omnibus malis præteritis, præsentibus et futuris : et intercedente beata et gloriosa semper virgine Dei Genitrice Maria, cum beatis Apostolis tuis, Petro et Paulo, atque Andrea, et omnibus Sanctis : da propitius pacem in diebus nostris ; ut ope misericordiæ tuæ adjuti, et a peccato simus semper liberi, et ab omni perturbatione securi. Per eumdem Dominum nostrum Jesum Christum Filium tuum, qui tecum vivit et regnat in unitate Spiritus sancti Deus,

Per omnia sæcula sæculorum. ℟. Amen.

Pax Domini sit semper vobiscum. ℟. Et cum spiritu tuo.

Le Prêtre met dans le calice une partie de la sainte hostie qu'il vient de diviser en trois, et dit :

Hæc commixtio et consecratio Corporis et Sanguinis Domini nostri Jesu Christi, fiat accipientibus nobis in vitam æternam. Amen.

Agnus Dei, qui tollis peccata mundi, misere nobis.

Agnus Dei, qui tollis peccata mundi, miserere nobis.

Agnus Dei, qui tollis peccata mundi, dona nobis pacem.

PRIÈRES AVANT LA COMMUNION.

Domine Jesu Christe, qui dixisti Apostolis tuis : Pacem relinquo vobis, pacem meam do vobis : ne respicias peccata mea, sed fidem Ecclesiæ tuæ, eamque secundum voluntatem tuam pacificare et coadunare digneris. Qui vivis et regnas, Deus, per omnia sæcula sæculorum. Amen.

Domine Jesu Christe, Filii Dei vivi, qui ex voluntate Patris, cooperante Spiritu sancto , per mortem tuam mundum vivificasti, libera me per hoc sacrosanctum Corpus, et Sanguinem tuum, ab omnibus iniquitatibus meis et universis malis, et fac me tuis semper inhærere mandatis, et a te nunquam separari permittas. Qui cum eodem Deo Patre et Spiritu sancto vivis et regnas, Deus, in sæcula sæculorum. Amen.

Perceptio Corporis tui, Domine Jesu Christe, quod ego indignus sumere præsumo, non mihi proveniat in judicium et condemnationem : sed pro tua pietate prosit mihi ad tutamentum mentis et corporis, et ad medelam percipiendam. Qui vivis et regnas cum Deo Patre, in unitate Spiritus sancti, Deus, per omnia sæcula sæculorum. Amen.

Le Prêtre fait la génuflexion, en disant :

Panem cœlestem accipiam, et nomen Domini invocabo.

Il dit trois fois en frappant sa poitrine :

Domine, non sum dignus ut intres sub tectum meum ; sed tantum dic verbo, et sanabitur anima mea.

Il fait le signe de la croix avec la sainte hostie, et dit :

Corpus Domini nostri Jesu Christi custodiat animam meam in vitam æternam. Amen.

Après avoir communié sous l'espèce du pain, le Prêtre dit :

Quid retribuam Domino pro omnibus quæ retribuit mihi ? Calicem salutaris accipiam, et nomen Domini invocabo. Laudans invocabo Dominum, et ab inimicis meis salvus ero.

Il fait le signe de la croix avec le calice, en disant :

Sanguis Domini nostri Jesu Christi custodiat animam meam in vitam æternam. Amen.

Pendant qu'il reçoit la première ablution, le Prêtre dit :

Quod ore sumpsimus, Domine, pura mente,

3.

capiamus ; et de munere temporali fiat nobis remedium sempiternum.

En recevant la seconde ablution :

Corpus tuum, Domine, quod sumpsi, et Sanguis quem potavi, adhæreat visceribus meis : et præsta, ut in me non remaneat scelerum macula, quem pura et sancta refecerunt sacramenta. Qui vivis et regnas in sæcula sæculorum. Amen.

COMMUNION.

Dico autem vobis amicis meis : Ne terreamini ab his qui vos persequentur.

Puis, se tournant vers le peuple, le Prêtre dit :

Dominus vobiscum.

℟. Et cum spiritu tuo.

OREMUS. Præsta nobis, quæsumus Domine, intercedentibus sanctis Martyribus tuis Justi et Anthemii, ut quod ore contingimus pura mente capiamus. Per Dominum nostrum Jesum Christum qui tecum vivit et regnat in unitate Spiritus sancti, Deus, per omnia sæcula sæculorum.

Dominus vobiscum.

℟. Et cum Spiritu tuo.

Ite, missa est.

℟. Deo gratias.

*Incliné au milieu de l'autel, le Prêtre
récite cette prière :*

Placeat tibi, sancta Trinitas, obsequium
servitutis meæ, et præsta, ut sacrificium, quod
oculis tuæ Majestatis indignus obtuli, sit,
te miserante, propitiabile. Per Christum
Dominum nostrum. Amen.

Puis il bénit les fidèles, en disant :

Benedicat vos omnipotens Deus, Pater, et
Filius, et Spiritus sanctus. ℞. Amen.

Dominus vobiscum. ℞. Et cum spiritu
tuo.

Initium sancti Evangelii secundum Joannem. ℞. Gloria tibi, Domine.

In principio erat Verbum, et Verbum erat
apud Deum, et Deus erat Verbum. Hoc erat
in principio apud Deum. Omnia per ipsum
facta sunt, et sine ipso factum est nihil, quod
factum est ; in ipso vita erat et vita erat, lux
hominum : et lux in tenebris lucet, et tene-
bræ eam non comprehenderunt. Fuit homo
missus a Deo, cui nomen erat Joannes. Hic
venit in testimonium, ut testimonium perhiberet de lumine, ut omnes crederent per
illum. Non erat ille lux, sed ut testimonium
perhiberet de lumine. Erat lux vera, quæ
illuminat omnem hominem venientem in hunc

mundum. In mundo erat, et mundus per ipsum factus est, et mundus eum non cognovit. In propria venit, et sui eum non receperunt. Quotquot autem receperunt eum, dedit eis potestatem filios Dei fieri, his qui credunt in nomine ejus : qui non ex sanguinibus, neque ex voluntate viri, sed ex Deo nati sunt. ET VERBUM CARO FACTUM EST, et habitavit in nobis : et vidimus gloriam ejus, gloriam quasi Unigeniti, a Patre, plenum gratiæ et veritatis.

℟. Deo gratias.

Arras. — Typ. Rousseau-Leroy.

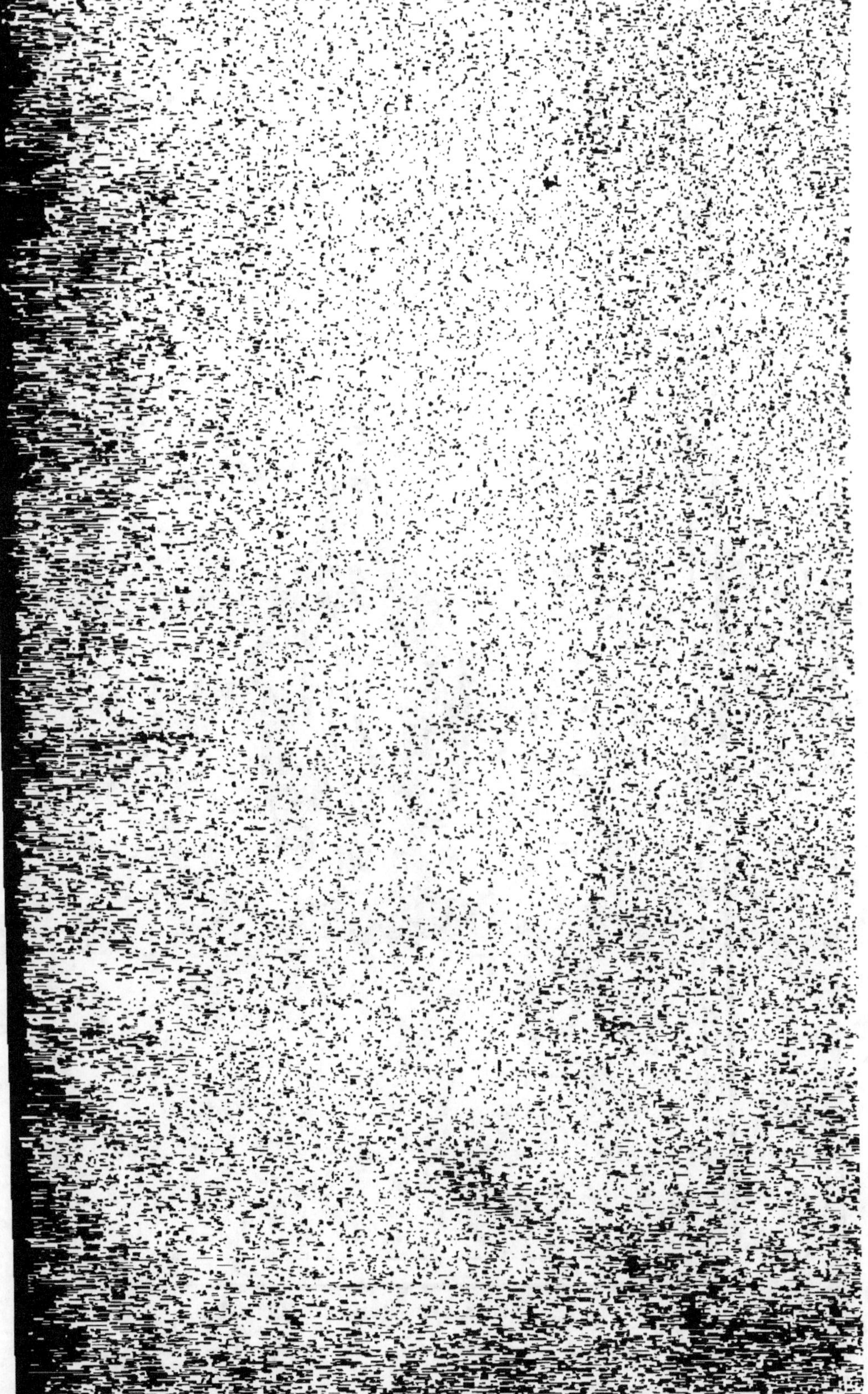